• Verändern Sie Ihr Denken und Handeln •
harakteraeigenschaf ... nt alles
ıs • Bekommen Sie ... Griff •
e positive Fragen • Disziplin ist ein Genuss
ch wichtig ist • Seien Sie dankbar • Setzen
sperspektive • Folgen Sie dem Taoistischen
Omega-3-Spiegel • Setzen Sie Ihre Energie
Sie sich glücklich • Arbeiten Sie an Ihrem
ıs • Seien Sie Optimist • Vereinfachen Sie
e innere Ziele • Vergeben Sie • Finden Sie
er • Viel Wasser – wenig Wodka • Werden
Musik • Tanken Sie Sonne • Finden Sie eine
nnen • Leben Sie nach der konfuzianischen
Schalten Sie den Fernseher aus • Ihre
• Glück auf vier Beinen • Kleiden Sie sich
e • Konzentrieren Sie sich auf Ihr Glück

Über den Autor:
Siimon Reynolds gehört zu den bekanntesten und renommiertesten Namen in der Werbebranche. Er gewann fast jeden großen Preis für Kreativität in der Werbung, den es auf der Welt gibt, wie den Goldenen Löwen von Cannes, den Gold Pencil der *New York One Show* und den Großen Preis des Internationalen Londoner Werbefestivals. In Australien gewann er den Preis für die Zeitungskampagne des Jahres, den Fernsehwerbespot des Jahres, die Magazin-Werbung des Jahres und (zweimal) für die Werbeagentur des Jahres. Darüber hinaus hat er sich als Autor einen Namen gemacht.

Aber wie wird man so erfolgreich? Sein Erfolgsrezept verrät Siimon Reynolds in diesem Buch – und eins ist sicher: Es ist viel besser als Schokolade!

Siimon Reynolds widmet dieses Buch:
Kath, Quell all meiner Freude

Siimon Reynolds

Viel besser als Schokolade

50 Wege, glücklich zu werden

Aus dem Englischen
von Katharina Volk

Illustriert
von Susanne Kracht

Knaur

Die australische Originalausgabe dieses Buches erschien 2004 unter
dem Titel *BETTER THAN CHOCOLATE* bei Penguin Group (Australia)

Besuchen Sie uns im Internet:
www.knaur.de

Deutsche Erstausgabe September 2007

Redaktion: Katrin Stubbe
Umschlaggestaltung: ZERO Werbeagentur, München
Umschlag- und Innenillustration: Susanne Kracht, München
Satz: Adobe InDesign im Verlag
Druck und Bindung: Offizin Andersen Nexö Leipzig GmbH, Zwenkau
Printed in Germany
ISBN 978-3-426-66203-8

2 4 5 3 1

Einleitung

Vielleicht gehören Sie auch zu den Menschen, die denken, dass es nichts Besseres gibt als Schokolade. Aber wie wäre es mit Gesundheit, Selbstbewusstsein und glücklichen Beziehungen? Wie wäre es damit, frei zu sein von Angst und Schuldgefühlen und eine klare Zielsetzung für das eigene Leben zu haben? **Glück ist kein Zufall.** Es gibt viele einfache Techniken, mit deren Hilfe jeder Mensch ein glücklicheres Leben führen kann. Das einzige Problem ist, dass bisher nur wenige diese Techniken kennen oder erlernt haben.

Die Positive Psychologie ist eine noch junge Wissenschaft, die sich nicht mit den Fehlern und Schwächen des Menschen beschäftigt, sondern auf die guten Eigenschaften konzentriert. Leider haben diese neuen Erkenntnisse und Entdeckungen viele Menschen noch nicht erreicht – dabei können sie viel glücklicher machen als Schokolade.

In dem Buch, das Sie gerade lesen, finden Sie eine breite Auswahl wichtiger alter und neuer Theorien über das Glücklichsein. Die Kapitel sind kurz und prägnant, **damit Ihnen die Schlüssel zu einem glücklichen und erfüllten Leben zugänglich werden,** ohne dass Sie sich durch Berge wissenschaftlicher Studien kämpfen müssen. All diese Techniken sind erprobt, viele wurden unter strengen Bedingungen getestet, **und von allen ist nachgewiesen, dass sie nicht nur wirkungsvoll sind, sondern dass sie Ihr Leben verändern können.**

Obwohl es Ihren Heißhunger auf Süßes vielleicht nicht sofort stillen kann, wird *Viel besser als Schokolade* doch ein Lächeln auf Ihr Gesicht und Freude in Ihr Herz zaubern. Ich hoffe, dass Sie versuchen werden, diese Techniken und Grundsätze, die zum Glück führen, zu einem Bestandteil Ihres alltäglichen Lebens zu machen. **Schließlich kann es in unserem Leben doch sicher nichts Wichtigeres geben, als glücklich zu sein.**

Ich wünsche Ihnen von Herzen:
Haben Sie viel Vergnügen beim Lesen!

Inhalt

Ihre persönliche Glücks-Liste

Als ich das erste Mal von dieser Technik hörte, fand ich es erstaunlich, wie simpel sie ist. Fred Grosse, ein erfolgreicher Motivationstrainer, empfiehlt seinen Studenten, eine Liste aller Aktivitäten aufzustellen, denen sie gerne nachgehen. Das kann alles Mögliche sein – von einem Spaziergang am Strand bei Sonnenuntergang bis hin zu einem ausgedehnten heißen Bad.

Erstellen Sie eine solche Liste für sich selbst. Dann reservieren Sie am Anfang der Woche täglich Zeit in Ihrem Terminkalender für mindestens eine dieser Aktivitäten. Bestimmen Sie dafür jeweils einen konkreten Zeitraum, um sicherzustellen, dass Sie sich dafür auch tatsächlich Zeit nehmen. Mittels dieses einfachen Systems wird sich Ihr Leben schon bald mit glücklichen und angenehmen Momenten füllen. Und, was ebenso wichtig ist: Diese Technik zwingt Sie, sich Ihres Glücks bewusster zu werden und dem Glücklichsein in Ihrem Leben Priorität einzuräumen.

Runter vom Sofa

Tägliche Bewegung kann einen enormen Einfluss darauf haben, wie positiv wir denken und empfinden. Dafür gibt es mehrere Gründe. Erstens werden Anspannung und Stress reduziert, wenn Sie Ihrem Körper regelmäßig Bewegung schenken. Zweitens haben Studien gezeigt, dass körperliches Training die Biochemie unseres Körpers verändert.

Bei körperlicher Anstrengung produzieren wir natürliche Opiate, die als Endorphine bekannt sind und Glücksgefühle auslösen – daher das berühmte Hochgefühl bei Läufern, das sogenannte »Runner's High«.

Außerdem verbrennt regelmäßige Bewegung Fett, lässt unsere Muskeln stärker und den Körper schöner werden, verbessert das Hautbild und bewirkt, dass wir uns stärker fühlen. Diese Veränderungen führen häufig zu einer erheblich höheren Selbstachtung – einem geistigen Zustand, der eng mit einem allgemeinen Glücksgefühl verbunden ist.

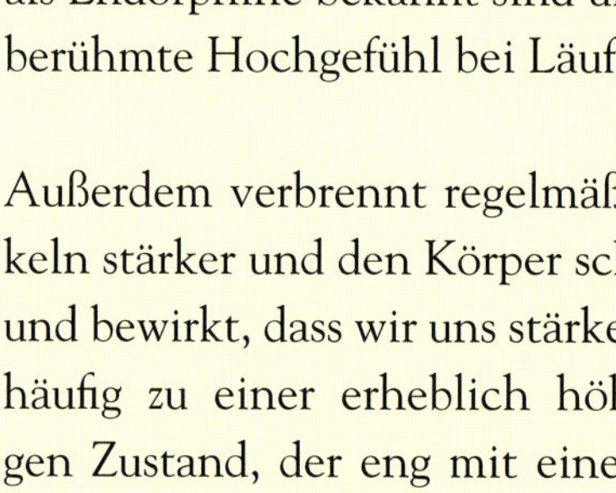

Verändern Sie Ihr Denken und Handeln

In den letzten zwanzig Jahren hat sich die allgemeine Psychologie geradezu rasend weiterentwickelt. Freud und Jung behaupteten einst, dass Gefühle unser Denken beeinflussen, heute betonen Kognitionstherapeuten, dass das Denken umgekehrt auch unsere Stimmungen beeinflusst. **Um uns glücklicher zu fühlen, müssen wir unser Denken gezielt steuern.**

Wenn Sie sich das nächste Mal schlecht fühlen, versuchen Sie es mit dieser einfachen, aber wirkungsvollen Technik aus der Kognitionstherapie:

1. Schreiben Sie auf, was Sie denken.
2. Stellen Sie den Gedanken schriftlich in Frage – ist der Gedanke hilfreich und realistisch?
3. Überlegen Sie sich eine positivere Sichtweise Ihrer Situation und schreiben Sie sie auf.

Probieren Sie es jetzt aus. Sie werden überrascht sein, welche Wunder dieser einfache kognitive Prozess bewirken kann.

Finden Sie den richtigen Flow

Die Flow-Theorie ist einer der wichtigsten Durchbrüche der letzten zwanzig Jahre. Mihaly Csikszentmihalyi, der Pionier dieses Ansatzes, hat die vier Eckpfeiler für Glück so definiert:

1. Wir beschäftigen uns mit einer Tätigkeit, die eine Herausforderung darstellt.
2. Wir wissen, wie wir vorankommen (die Regeln sind einfach).
3. Die Tätigkeit nimmt all unsere Konzentration in Anspruch.
4. Aber wir kommen voran und fühlen uns der Situation gewachsen.

Wir spüren den Flow, wenn wir uns mit einer Disziplin wie Sport, Kunst oder einer Religion befassen. (Passive Tätigkeiten wie Fernsehen erzeugt kaum Flow, da sich dabei kein Gefühl von Erfolg einstellt.) Je mehr Flow-Aktivitäten wir in unser Leben einbauen, desto glücklicher fühlen wir uns. **Welche fünf Aktivitäten rufen in Ihnen ein Gefühl von Flow hervor – und wie können Sie mehr davon in Ihren Terminkalender einbauen?**

500
500

Vier magische Charaktereigenschaften

Gemäß den Forschungen von David Myers, einem führenden Therapeuten der Positiven Psychologie, findet man bei Menschen, die überdurchschnittlich glücklich sind, häufig folgende Charaktereigenschaften:

1. Hohe Selbstachtung
2. Ein Gefühl von Kontrolle über das eigene Leben
3. Optimismus
4. Die Bereitschaft, aus sich heraus- und auf andere zuzugehen (überraschend, aber wahr)

Unsere Fähigkeit, glücklich zu sein, wächst, wenn wir diese persönlichen Eigenschaften kultivieren. **Nehmen Sie sich jetzt ein paar Minuten Zeit, um Ideen aufzuschreiben, wie Sie diese vier Eigenschaften in Ihrem eigenen Charakter stärken könnten.**

Geld ist nicht alles

Wir sind von einem ständig wachsenden Angebot von Dingen umgeben, die uns zum Kauf verlocken – neue Möbel, die neueste Unterhaltungselektronik, das Outfit aus der neuen Kollektion, das Sie *unbedingt* haben müssen, das tolle neue Auto, und die Liste setzt sich immer weiter fort. **Aber all das ist eine Falle.** Immer mehr wissenschaftliche Studien zeigen, dass materielle Kaufsucht uns in Wirklichkeit weniger glücklich macht. Martin Seligman, ein Experte in Positiver Psychologie, hat gezeigt, dass Menschen, die sich ausschließlich auf materiellen Gewinn konzentrieren, weniger glücklich sind als der Durchschnitt der Bevölkerung.

Darüber hinaus ist nachgewiesen, dass es im Glücksempfinden kaum Unterschiede zwischen Reichen und Normalverdienern gibt, sobald die Höhe des Einkommens über der Armutsgrenze liegt. Studien deuten darauf hin, dass die Verfügbarkeit materieller Besitztümer für das Glücksempfinden neunmal weniger wichtig ist als persönliche Werte wie Freunde und Familie. **Das alte Sprichwort ist eindeutig wahr: Glück kann man nicht kaufen.**

Meditieren Sie

Die zwanzigjährige Forschungsarbeit von Dr. Herbert Benson (Harvard Medical School) zeigt, dass Menschen, die regelmäßig meditieren, im Allgemeinen glücklicher sind als jene, die es nicht tun. Dafür brauchen Sie nicht mal einen Meditationskurs zu besuchen. Dr. Benson schlägt folgende unkomplizierte Technik vor:

1. Suchen Sie sich einen einfachen positiven Begriff wie »**Ruhe**«, »**Liebe**«, »**Geborgenheit**« oder »**Frieden**«.
2. Wiederholen Sie diesen Begriff zehn bis zwanzig Minuten lang. Sie können das Wort dabei laut vor sich hin sagen oder es auch nur im Kopf alle ein bis zwei Sekunden wiederholen.
3. Versuchen Sie dabei, sich einschleichende Alltagsgedanken beiseitezuschieben und sich ganz auf Ihre Wiederholungen zu konzentrieren.

Es klingt simpel, dabei ist es ganz schön schwer – aber es wird Ihr Leben viel lebenswerter machen.

Verstehen Sie den Buddhismus

Die klassische Lehre des Buddhismus kreist um das Begehren. Buddhisten glauben, dass unser Begehren und unsere Bindungen an die Welt häufig Frustration und Unglück verursachen. **Der sicherere Weg zum Glück führt daher über eine Reduzierung dieser Bedürfnisse und Bindungen.** Es gibt zwei einfache Arten, Bedürfnisse auf ein Minimum zu reduzieren:

1. **Das, was wir begehren, auch zu erreichen.**
2. **Unsere Bedürfnisse zu verringern.**

Buddhisten glauben, dass der erste Weg extrem schwierig ist und dass der zweite einen schnelleren Weg zur Glückseligkeit bietet. Natürlich macht es für den Normalsterblichen wenig Sinn, überhaupt keine Bedürfnisse zu haben. Wo wäre da noch die Lust am Leben? Aber stellen Sie sich selbst die Frage: »Wäre ich glücklicher, wenn ich die Zahl meiner Bedürfnisse verringern würde?« **Die Antwort mag Sie überraschen.**

Bekommen Sie Ihr Leben in den Griff

Eine Gemeinsamkeit glücklicher und zufriedener Menschen ist, dass sie das Gefühl haben, sie haben ihr Leben im Griff. **Wenn Sie unglücklich sind, so überprüfen Sie Ihr Leben daraufhin, wo die Dinge Ihrer Meinung nach außer Kontrolle geraten sind, und handeln Sie dann.** Wenn wir uns in einer schwierigen Lage befinden, ziehen wir uns viel zu häufig zurück und lecken unsere Wunden. Das mag für eine Weile in Ordnung sein, aber meist ist es sinnvoller, das Problem direkt anzupacken.

Erstellen Sie eine Liste all der Bereiche in Ihrem Leben, von denen Sie meinen, sie nicht unter Kontrolle zu haben. Dann **schreiben Sie drei Dinge auf, die Sie tun könnten, um die jeweilige Situation zu verbessern.** Vielleicht haben Sie das Bedürfnis, jemandem zu sagen, was Sie wirklich fühlen. Vielleicht brauchen Sie einen Richtungswechsel oder müssen sich von etwas (oder jemandem) lösen. Es mag schwer sein, das in die Tat umzusetzen, aber wenn das Ergebnis Ihr Gefühl von Kontrolle über Ihr eigenes Leben verbessert, dann werden Sie sich sehr wahrscheinlich hinterher umso glücklicher fühlen.

Ohne Zucker wird das Leben süßer

Aufbauend auf der Arbeit von Robert Atkins (Vater der berühmten, wenn auch umstrittenen Atkins-Diät) hat Barry Sears uns gezeigt, dass die typisch westliche Ernährung – reich an Zuckerarten und Getreide – sich verheerend auf unseren Hormonspiegel und damit auch auf unsere Stimmung auswirkt. Da bei jeder Mahlzeit der Blutzuckerspiegel extrem ansteigt, erfahren wir regelrechte Stimmungsschwankungen.

Sears' Lösung, auch bekannt als die »Optimum-Diät«, basiert auf einer Mischung aus Fleisch oder Fisch mit verschiedenem Gemüse (mit Ausnahme von Kartoffeln, Kürbis und anderem einfachen Wurzel- und Knollengemüse) und einem **Ausgleich des Zuckerspiegels durch ein Stück Obst alle vier Stunden.** Diese Ernährungsweise stabilisiert nicht nur unsere Stimmung, sondern hilft auch vielen, ihr Gewicht zu reduzieren. Zahlreiche Menschen, die sich nach der Sears-Methode ernähren, berichten auch, dass sie geistig fitter und konzentrierter sind und einen wesentlichen Zuwachs an Energie erfahren.

Stellen Sie positive Fragen

Das menschliche Bewusstsein kann mittels einfacher Fragen leicht dahingehend gesteuert werden, positive Gedanken zu entwickeln. Wenn wir uns die folgenden Fragen regelmäßig stellen, so können wir unsere Zufriedenheit deutlich steigern:

1. Was macht mich glücklich und zufrieden?
2. Was läuft gut?
3. Worüber freue ich mich?
4. Auf was freue ich mich?

Stellen Sie sich diese Fragen, um ein optimales Ergebnis zu erzielen, immer morgens und abends. Nehmen Sie sich unbedingt einige Minuten Zeit, um näher auf die inspirierenden Antworten einzugehen.

Disziplin ist ein Genuss

Der Spiritualist Scheich Fadhalla Haeri sagt, dass einer der wesentlichen Faktoren für das Glück eines Menschen sein Grad an Selbstdisziplin ist. **Häufiger, übermäßiger Konsum von Essen, Alkohol, Sex und sogar zu viel Nachdenken können unseren Körper, unseren Geist und unsere Seele strapazieren und schwächen.**

Selbstdisziplin in diesen Bereichen stärkt unseren Geist und unser Selbstbild, denn wir werden uns zunehmend als Herr unseres Körpers sehen, nicht mehr als dessen Sklaven. **Zurückhaltung und Selbstbeherrschung führen zu Stabilität, und Stabilität führt zu Zufriedenheit.** Nehmen Sie sich einige Augenblicke Zeit, Ihr Leben zu beurteilen. In welchen Bereichen fehlt es Ihnen an Selbstdisziplin? Was sind drei einfache Dinge, die Sie tun könnten, um diese Schwächen in den Griff zu bekommen?

Verändern Sie Ihre Atmung

Wenn wir wütend werden, verändert sich unsere Atmung. Wenn wir überglücklich sind, folgt sie wiederum einem anderen Muster. **Zweifellos wirken sich unsere Stimmungen auf unsere Atmung aus.** Aber die Forschung hat gezeigt, dass es auch umgekehrt funktioniert. Wenn wir tief und völlig entspannt einatmen, ist es uns fast unmöglich, ärgerlich oder frustriert zu bleiben. **Tiefes Atmen macht Sie zu einem ruhigen, entspannten und darum glücklichen Menschen.**

Wenn Sie das nächste Mal verärgert oder deprimiert sind, dann probieren Sie es selbst aus. **Verändern Sie bewusst Ihre Atmungsweise.** Atmen Sie tiefer, langsamer. Durch die Nase ein, durch den Mund aus. **Sie werden feststellen, wie sich Ihre schlechte Stimmung innerhalb von Minuten in Luft auflöst.**

Was Ihnen wirklich wichtig ist

Die meisten Menschen sind nicht glücklich oder unglücklich aufgrund konkreter Ereignisse, sondern wegen der Art und Weise, wie sie auf diese reagieren. **Wenn wir unser Leben nach unseren Wertvorstellungen leben, fühlen wir uns meist glücklich.** Tun wir das nicht, so sinkt die Wahrscheinlichkeit, dass wir uns glücklich fühlen. Das einzige Problem dabei ist, dass sich die meisten Leute gar nicht darüber im Klaren sind, welche Dinge ihnen im Leben etwas bedeuten.

Versuchen Sie es mit diesem kleinen Test. **Ordnen Sie die folgenden fünf Werte danach, welchen Stellenwert sie in Ihrem Leben haben: Gesundheit, Karriere, Familie, Spiritualität, Sozialleben.** Dann fragen Sie sich: »Führe ich mein Leben nach diesen Prioritäten?« Sollte das nicht der Fall sein, wäre es vielleicht an der Zeit, genau das zu tun.

Indem Sie sich Zeit nehmen, die Werte auszuwählen, nach denen Sie Ihr Leben führen wollen, könnten Sie einen unschätzbar wertvollen Schritt machen, Ihr Leben zu vereinfachen und Ihr Glück zu vergrößern.

Seien Sie dankbar

Dies ist eine der einfachsten, aber auch eine der wirksamsten Techniken zum Glücklichsein. Dan Sullivan, Strategie-Coach und anerkannter Experte in Sachen Humanpotenzial, weist darauf hin, dass es nahezu unmöglich ist, negative Gefühle zu erfahren, während wir Dankbarkeit verspüren.

Da wir uns gut oder schlecht fühlen in Abhängigkeit davon, womit wir uns gerade befassen, können schon einige wenige Minuten stiller Dankbarkeit täglich Wunder auf unseren Glückshaushalt bewirken. Aus eigener Erfahrung glaube ich, dass kontinuierliches Fühlen und Ausdrücken von Dankbarkeit einer der sichersten Wege zu einem dauerhaft glücklichen Leben ist. **Wofür könnten Sie dankbar sein?**

Setzen Sie sich klare Ziele

Unsere Gehirne sind zielaktivierte Mechanismen. Wir sagen unserem Gehirn, was wir wollen, und es entwickelt einen Weg, um dorthin zu gelangen. Das Problem ist nur, so Persönlichkeitstrainer und Leistungsexperte Brian Tracy, dass sich gerade mal ungefähr drei Prozent der Bevölkerung tatsächlich Ziele setzen. So ist es wenig verwunderlich, dass viele Menschen das Gefühl haben, ihr Leben habe nur eine undeutliche oder gar keine Richtung.

Das ist jedoch schnell zu beheben. **Schnappen Sie sich jetzt sofort ein Stück Papier und verbringen Sie zehn Minuten damit, davon zu träumen, was Sie auf den folgenden Gebieten gerne erreichen würden: Gesundheit, Karriere, gesellschaftliches Leben, Familie, Spiritualität und Vergnügen.** Dann wählen Sie Ihre fünf Lieblingszielsetzungen aus und beginnen noch heute damit, an deren Umsetzung zu arbeiten. Sie werden merken, wie sich mit jedem Schritt, der Sie Ihren Zielen näher bringt, sowohl Ihre Selbstachtung als auch Ihr Wohlbefinden verbessern.

Entwickeln Sie eine Zukunftsperspektive

Die meisten Menschen haben keine rechte Vorstellung von ihrer Zukunft. Als Folge davon verlieren sie sich häufig in Alltagsproblemen. Eine Zukunftsperspektive zu haben, macht das Leben nicht nur aufregender, sondern es hilft auch, kurzfristige Probleme leichter zu ertragen.

Um ein grundlegend glücklicheres Leben zu führen, müssen Sie sich Ziele setzen und täglich daran arbeiten, wo Sie in zehn Jahren sein wollen. Sehen Sie es deutlich vor sich, glauben Sie daran. Handeln Sie, um Ihre Vision Wirklichkeit werden zu lassen. Nehmen Sie einen Stift und etwas Papier. Stellen Sie sich Ihr ideales Leben in zehn Jahren vor. Wo werden Sie leben? Wie werden Sie arbeiten? Was werden Sie erreicht haben? **Es ist fast unmöglich, sich deprimiert zu fühlen, wenn Sie eine starke Zukunftsperspektive haben, auf die Sie täglich voller Hoffnung und Beharrlichkeit hinarbeiten.**

Folgen Sie dem Taoistischen Pfad

Der Taoismus ist gemeinsam mit dem Buddhismus und dem Konfuzianismus eine der drei großen philosophischen Schulen des alten China. Der Tao Te King, der wichtigste Text des Taoismus, ist gleich nach der Bibel das weltweit meistübersetzte Werk.

Taoisten glauben, dass man Glück finden kann, indem man sich an der Natur orientiert. Zum Beispiel bahnt sich Wasser immer einen Weg um Felsen herum, deshalb sollten wir versuchen, Probleme eher zu umgehen, anstatt uns direkt durch sie hindurchzugraben. Wenn ein Tiger einen vollen Bauch hat, hört er auf zu jagen – ebenso sollten wir nicht unablässig arbeiten oder uns mehr nehmen, als wir brauchen.
Sie verstehen.

Schlafen Sie mehr

In der heutigen Gesellschaft schlafen viele von uns einfach nicht genug. Ein ständiger Schlafmangel bewirkt nicht nur körperliche Müdigkeit, sondern schlägt sich auch auf die Stimmung und erhöht die Reizbarkeit, so Schlaftherapeut und Glückspsychologe Timothy Sharp.

Die ideale Schlafdauer ist von Mensch zu Mensch verschieden, jedoch wirkt sich im Allgemeinen eine Schlafmenge von weniger als sechs Stunden verheerend auf unsere Stimmung und die Regeneration unseres Körpers aus. **Die meisten Menschen brauchen sieben bis acht Stunden Schlaf pro Nacht.** Sollten Sie Probleme mit dem Einschlafen haben, so versuchen Sie, früher zu Abend zu essen, zu meditieren oder ein beruhigendes Bad zu nehmen, bevor Sie ins Bett gehen.

Steigern Sie Ihren Omega-3-Spiegel

Unsere Ernährung ist auf komplexe Art und Weise mit unserem mentalen Zustand verbunden. Laut Andrew Stoll von der Harvard Medical School ist ein Mangel an Omega-3-Fettsäuren in unserer Ernährung einer der Gründe, weshalb sich so viele Menschen depressiv fühlen. Stoll zufolge ergeben immer mehr Studien, dass die Einnahme von Omega-3 hilft, die Symptome von Depression und Schizophrenie zu mildern und positive Stimmungen zu verstärken.

Und wie bekommen Sie mehr Omega-3? Das ist ganz simpel. Essen Sie einfach mehr Hochseefisch wie Lachs oder Thunfisch. Oder holen Sie sich in Ihrer Apotheke, Ihrem Reformhaus oder Bioladen ein Omega-3-Nahrungsergänzungsmittel.

Setzen Sie Ihre Energie frei

Indische Yoga-Experten und chinesische Tai-Chi-Meister sind sich einig: Ein reibungsloser Energiefluss ist von essenzieller Bedeutung für die physische und geistige Gesundheit. In unserem Körper befinden sich Energiebahnen, auch Meridiane genannt. Sind diese blockiert, fühlen wir uns meist elend.

Aber wir müssen nicht stundenlang in der Lotosposition sitzen oder langsame, eintönige Bewegungen wiederholen, um unsere Situation zu verbessern. **Schon zehn Minuten tägliches Stretching für Gliedmaßen und größere Muskelpartien hilft Ihnen, die Blockaden in den Meridianen zu lösen und die freie Zirkulation körpereigener Energien (*prana* auf Sanskrit oder *chi* auf Mandarin) anzuregen – was sowohl Ihre Gesundheit als auch Ihre Stimmung deutlich verbessern wird.**

Kümmern Sie sich um andere

Viele unglückliche Menschen sind zu sehr mit ihrem eigenen Leben beschäftigt. Der angesehene Psychologe und spirituelle Sufi-Meister Javad Nurbakhsh ist davon überzeugt, dass sich unglückliche Menschen oft besser fühlen, wenn sie sich weniger auf sich selbst konzentrieren und sich stattdessen mehr um andere kümmern. **Sei es ein Geschenk, eine Hilfestellung oder ein nettes Wort – sich gegenseitig zu zeigen, dass der andere einem wichtig ist, ist einer der schnellsten und wirkungsvollsten Wege, sich gut zu fühlen.**

Denken Sie darüber nach. Könnte es sein, dass Sie ein kleines bisschen zu sehr mit sich selbst beschäftigt sind? Könnte es nicht sein, dass Ihr Kummer daher rührt, dass Sie zu viel über Ihre Situation nachdenken? Fassen Sie den Vorsatz, sich mehr darauf zu konzentrieren, wie Sie anderen Menschen helfen können. Indem Sie sich um andere kümmern, vergessen Sie nicht nur leichter die eigenen Probleme, Sie werden auch merken, dass es eine ungeheuer bereichernde Erfahrung sein kann, anderen zu helfen. **Es ist nicht verwunderlich, dass Menschen, die ehrenamtlich in ihrer Gemeinde oder einer Gemeinschaft arbeiten, im Durchschnitt doppelt so glücklich und zufrieden mit sich selbst sind wie Menschen, die keine ehrenamtliche Arbeit leisten.**

Verhalten Sie sich glücklich

Eine der wirkungsvollsten glücksanregenden Techniken ist, sich einfach so zu verhalten, als sei man glücklich. **Sie haben richtig gehört – tun Sie einfach, als seien Sie in einem Film und spielten die Rolle einer fröhlichen Person.** Schon innerhalb weniger Minuten spüren die meisten Menschen, wie die schlechte Laune von ihnen abfällt.

Die legendären Therapeuten Neurolinguistischer Programmierung (NLP) John Grinder und Richard Bandler sehen die Gründe hierfür darin, dass Körperbewegungen Denkmuster beeinflussen. **Sie haben herausgefunden, dass man anfängt, Positives zu denken, wenn man sich bewegt, als sei man fröhlich (halten Sie sich gerade, heben Sie den Kopf und so weiter).** Unglaublich, aber wahr. Oder, wie es Grinder und Bandler formulierten: »E-motion« kommt von Bewegung.

Arbeiten Sie an Ihrem Selbstbild

Maxwell Maltz beschrieb in seinem Buch *Psycho-Cybernetics*, dass wir uns normalerweise im Einklang mit dem Bild verhalten, das wir von uns selbst haben. Im Laufe der Zeit fiel ihm auf, dass der wichtigste Faktor für den allgemeinen Glückszustand einer Person nicht das reale Aussehen war, sondern ihr Selbstbild. Wenn man sich zum Beispiel selbst als unglücklichen Menschen wahrnimmt, so wird das Gehirn dafür sorgen, dass man das Leben in Übereinstimmung damit erlebt.

Maltz betont aber auch, dass unser Selbstbild nach und nach neu geformt werden kann. **Nehmen Sie sich jeden Tag ein paar Minuten Zeit und versetzen Sie sich in eine Situation, die Glücksgefühle bei Ihnen auslöst.** Lassen Sie im Kopf einen Film ablaufen, mit Ihnen in der Hauptrolle. Denken Sie an ein schönes Erlebnis oder eine tolle Begegnung. Sie werden sehen, dass sich die gedanklichen Aufmunterungen positiv auf Ihr allgemeines Wohlbefinden auswirken werden.

Lachen Sie

Das mag Ihnen als ein recht simples Mittel gegen das Unglücklichsein erscheinen, aber seine Wirksamkeit ist vielfach bewiesen. Eine klassische Fallstudie zu den Auswirkungen von Humor auf das allgemeine Wohlbefinden schrieb Norman Cousins in seinem Buch *Der Arzt in uns selbst. Anatomie einer Krankheit aus der Sicht des Betroffenen.*

Cousins litt an einer seltenen degenerativen Krankheit, von der er sich selbst mittels höchst ungewöhnlicher Behandlungsmethoden heilte. **Er sah sich im Fernsehen stundenlang Komödien an, las lustige Bücher und verbrachte täglich unglaublich viel Zeit mit Lachen.** Innerhalb einiger Monate war er vollständig geheilt. Eine wahre Geschichte. Und ein großartiger Beweis für die heilende Kraft des Lachens, selbst wenn es gezielt hervorgerufen wird.

Ändern Sie Ihren Fokus

Bekannt geworden durch den Erfolgs- und Motivationstrainer Anthony Robbins, zeigen sich mit der Methode zur Fokuskontrolle schnelle und wirkungsvolle Ergebnisse. Robbins behauptet Folgendes: Ob wir glücklich oder unglücklich sind, ist zum großen Teil davon abhängig, worauf wir uns fokussieren. Indem wir uns bewusst auf das konzentrieren, was in unserem Leben gut läuft, statt auf das zu blicken, was vielleicht gerade nicht so gut läuft, bleiben wir im Allgemeinen in einer schwungvollen und lebensbejahenden Stimmung.

Die Durchführung ist einfach. **Machen Sie eine Liste von fünf Dingen, die in Ihrem Leben gut laufen, und erinnern Sie sich mehrmals am Tag daran.** Innerhalb weniger Tage werden Sie feststellen, dass sich die Wahrnehmung Ihrer Lebensqualität zum Besseren gewandelt hat.

Seien Sie Optimist

Martin Seligmans bahnbrechende Arbeit hat bewiesen, dass optimistisches Denken ein sehr effektiver Weg ist, das Wohlbefinden zu verbessern. Seligman hat gezeigt, dass optimistische Menschen:

- mehr Erfolg im Beruf haben
- gesünder sind
- mehr Spaß am Leben haben
- mehr Freunde haben

Optimisten haben wesentlich mehr Lebensfreude als Pessimisten, weil sie Probleme hauptsächlich als vorübergehend betrachten und sie nicht persönlich nehmen. Schließlich sind es nicht die Ereignisse im Leben, die uns froh oder traurig machen, sondern es ist unsere Wahrnehmung dieser Ereignisse. Indem wir es vorziehen, die gute Seite an allen Härten des Lebens zu sehen (und es gibt *immer* eine gute Seite), und indem wir uns dafür entscheiden, an uns selbst zu glauben und an unsere Fähigkeit, diese Härten zu überwinden oder wieder auf die Beine zu kommen, gibt es wirklich nichts, was uns nachhaltig unterkriegen könnte.

Welche Probleme könnten Sie positiver sehen?

Vereinfachen Sie Ihr Leben

Die Welt, in der wir leben, stellt hohe Erwartungen an uns, in geistiger, materieller und emotionaler Hinsicht, die wir stets versuchen zu erfüllen. Indem wir aber weniger tun, weniger besitzen, uns weniger sorgen und uns weniger antreiben, können wir unserem Leben häufig ein Gefühl von Balance und Zufriedenheit zurückgeben. Wenn die Komplexität Ihres Lebens Sie unglücklich macht, so **probieren Sie es mit diesen kleinen Vereinfachungen:**

- Werfen Sie ein Drittel Ihrer Kleidung, Bücher und der Besitztümer weg, die Sie nicht unbedingt brauchen.
- Verringern Sie Ihre tägliche Arbeitszeit um zehn Prozent.
- Legen Sie drei Abende pro Woche fest, an denen Sie an keinen sozialen Aktivitäten teilnehmen.
- Verbringen Sie weniger Zeit mit Menschen, die Ihr inneres Gleichgewicht stören und von Ihren Kräften zehren – auch wenn es Freunde oder Familienmitglieder sind.
- Verbringen Sie zwanzig Minuten am Tag damit, auf einem Sofa zu sitzen und nichts zu tun.

Folgen Sie diesen Schritten, und Sie werden merken, dass Sie innerhalb weniger Wochen besser organisiert, weniger erschöpft und ein entscheidendes Stück glücklicher sind.

Werden Sie spirituell

Menschen, die aktiv an Formen spiritueller Praxis teilnehmen, sind oft glücklicher als jene, die das nicht tun. Außerdem zeigen Untersuchungen, dass sie seltener geschieden werden, dass sie ihren Arbeitsplatz länger behalten und dass sie im Allgemeinen gesünder sind als die nichtspirituelle Vergleichsgruppe.

Viele Psychologen meinen, dass der Glaube an eine liebende Gottheit oder eine höhere Macht Menschen auch dazu veranlasst, sich weniger Sorgen zu machen. Da sie sich selbst als Teil eines höheren Plans oder größeren Systems sehen, steigt ihre allgemeine Zufriedenheit mit dem Leben. Interessanterweise haben Menschen, die ihre Spiritualität in einer Gruppe erleben, mehr von diesen Vorzügen als jene, die alleine praktizieren.

Verfolgen Sie innere Ziele

Sie können sich selbst zwei Arten von Zielen setzen:

1. **innere** Ziele (intakte zwischenmenschliche Beziehungen, Wohlbefinden, persönliche Entwicklung usw.)
2. **äußerliche** Ziele (Geld, Macht, Ruhm usw.)

Beide Arten von Zielen sind wertvoll und erstrebenswert. Die Forschungen der Psychologieprofessoren Tim Kasser und Richard M. Ryan haben aber gezeigt, dass eine intensivere innere Entwicklung auch das Glücklichsein fördert. Nachdem sie Hunderte von Leuten interviewt und deren Prioritäten im Leben ausgewertet hatten, kamen Kasser und Ryan zu folgendem Schluss: »Insgesamt zeigt sich, dass das Verfolgen von persönlichen Zielen wie Geld, Ruhm oder Attraktivität zu einer geringeren Lebensqualität führt als Ziele wie enge soziale Bindungen, Selbstakzeptanz und Gemeinschaftssinn.«

Werfen Sie einen Blick auf Ihre Zielsetzungen. Werden Sie sich dadurch als Mensch wahrhaft weiterentwickeln, oder werden sich lediglich Ihre äußeren Umstände verändern?

Vergeben Sie

Jede der großen Religionen predigt die Tugend echter Vergebung als Pfad zur Glückseligkeit. Der Grund dafür ist leicht nachzuvollziehen. Jemandem nicht vergeben zu können, frisst an Ihrem Herzen, es erfüllt uns mit Wut, Neid oder Hass, wann immer wir an diese Person denken – wohl kaum ein Rezept zum Glücklichsein.

Wenn es Ihnen ernst ist mit dem Wunsch, durchweg glücklich zu sein, können Sie nur eins tun: Rufen Sie die fragliche Person an oder schreiben Sie ihr, und teilen Sie ihr mit, dass Sie sich entschlossen haben, ihr oder ihm zu vergeben. **Wenn Sie das aufrichtig tun, werden Sie fühlen, wie ein enormes Gewicht von Ihren Schultern genommen wird.** Falls die Person gestorben ist, schreiben Sie ihr trotzdem einen Brief. Ihr Akt der Vergebung wird Sie dennoch heilen und innerlich aufrichten.

Finden Sie Ihr Lebensziel

In seinem Klassiker zur menschlichen Sinnsuche mit dem Titel *… trotzdem Ja zum Leben sagen* vertritt der Psychologe Viktor Frankl die Meinung, dass Gefangene in Extremsituationen länger überleben, wenn sie **aus einem bestimmten Grund** weiterleben wollen, als jene Gefangenen, die kein konkretes Ziel haben.

Eine Zielsetzung oder ein Sinn in unserem Leben ist extrem wichtig. Tatsächlich glauben viele Glücksexperten, dass das Gefühl, ein Ziel im Leben zu haben und einen Sinn in all seinem Tun zu sehen, ausschlaggebend für die Zufriedenheit im Leben ist. Frankl schuf sogar eine neue Art von Therapie, die Logotherapie, die davon ausgeht, dass der Mensch psychisch erkranken kann, wenn er keinen Sinn in seinem Leben sieht.

Warum leben Sie? **Verfassen Sie einen kurzen, einfachen Text, der Ihre wichtigste Zielsetzung im Leben zusammenfasst.** Hängen Sie ihn zu Hause und an Ihrem Arbeitsplatz auf und arbeiten Sie täglich darauf hin. Umso deutlicher und greifbarer Ihnen Ihre Zielsetzung wird und je konzentrierter Sie sich ihr widmen, umso mehr steigt Ihre Zufriedenheit mit dem Leben.

Werden Sie ein Selbstverwirklicher

Vor mehreren Jahrzehnten wurde Abraham Maslow in Psychologenkreisen berühmt für seine Theorie der Selbstverwirklichung. Um das Gefühl zu haben, dass all unsere Bedürfnisse befriedigt sind, so glaubte Maslow, müssen wir zuerst unsere Bestimmung finden. Er behauptete, dass wir, um langfristig glücklich zu sein, die Möglichkeit erhalten müssen, unser inneres Potenzial freizulegen und auszuschöpfen.

Maslows Meinung nach haben Selbstverwirklicher eine große Bandbreite an Fähigkeiten entwickelt, darunter:

- **Selbstakzeptanz**
- die Fähigkeit, liebevolle Beziehungen zu führen und aufrechtzuerhalten
- Unabhängigkeit von sozialem Druck und Systemzwängen
- **ein klares Gefühl für Sinn und Zielsetzung im Leben**

An welchen dieser Fähigkeiten könnten Sie arbeiten, um mehr Zufriedenheit im Leben zu erreichen? Was könnten Sie tun, um Ihr inneres Potenzial freizusetzen und Ihrer Bestimmung näher zu kommen?

Viel Wasser – wenig Wodka

Obwohl Alkohol eine stimulierende Wirkung zugeschrieben wird, fördert er in Wirklichkeit depressive Stimmungen. Alkohol wirkt sich verheerend auf den Blutzuckerspiegel des Körpers aus und beeinflusst unsere Stimmung noch Tage später negativ. Als wäre das nicht schon schlimm genug, vergiftet regelmäßiger Alkoholgenuss zudem langsam die Nieren und schränkt die Gehirnfunktionen ein.

Ich sage nicht, dass Sie keinen Tropfen Alkohol mehr anrühren sollen (verschiedene Studien zeigen sogar, dass ein tägliches Glas Rotwein gesundheitsfördernd ist), aber ich lege Ihnen dringend nahe: **Wenn Sie Ihre Stimmung glücklich und stabil halten wollen, trinken Sie Alkohol nur in Maßen.**

Werden Sie aktiv

Über die Jahre habe ich oft gesehen, wie Freunde, die wenig zu tun hatten, in eine leichte Depression und Lethargie abglitten. Meine Beobachtung wird gestützt von neuen Untersuchungen auf dem Gebiet der Positiven Psychologie. Offensichtlich hat das Gehirn ein dringendes Bedürfnis nach »geordnetem Bewusstsein« und ist glücklicher, wenn es eine Reihe fordernder Aufgaben zu erledigen hat.

Erleben Sie gerade einen mentalen Durchhänger, so erstellen Sie sich jeden Morgen eine Liste mit Aufgaben und Erledigungen für den Tag und machen sich an die Arbeit. Wenn Ihnen das Leben grau und trübsinnig erscheint, dann werden Sie sich meist umso glücklicher fühlen, je weniger Zeit Sie zum Nachdenken (Zweifeln) haben.

Lächeln Sie

Ob Sie es glauben oder nicht, es gibt eine Menge Untersuchungen über das Lächeln und seine Macht, die Stimmung eines Menschen zu heben. Einfach gesagt: **Wenn Sie lächeln, werden Sie sich sehr wahrscheinlich besser und glücklicher fühlen.**

Rachel Kettner und Lee-Anne Hather, Forscherinnen an der Universität von Kalifornien, untersuchten Klassenfotos eines Jahrbuchs von 1961 am Mills College, einem Frauencollege in Oakland, Kalifornien. Überraschenderweise fanden sie heraus, dass die Frauen, die auf den Fotos breit und aufrichtig lächelten, in ihrem Leben dreißig Jahre später wesentlich glücklicher und zufriedener waren.

Außerdem sollten Sie nicht vergessen, dass Sie mit einem Lächeln die Menschen in Ihrer Umgebung ebenfalls in eine bessere Stimmung versetzen können. Wie schon die Redewendung besagt: Lächle, und die ganze Welt lächelt mit dir.

Hören Sie Gute-Laune-Musik

Wenn Sie einen Energieschub brauchen, dann kann Musik Ihre Stimmung schnell und sehr wirkungsvoll beeinflussen. Tatsächlich hat das Abspielen von aufmunternder und schwungvoller Musik eine 83-prozentige Erfolgsquote bei den Zuhörern (die sich unweigerlich glücklicher fühlen).

Warum stellen Sie sich nicht Ihre eigene Sammlung von Gute-Laune-Musik zusammen? Suchen Sie sich zehn CDs aus, bei deren Musik Sie sich immer gut fühlen, und bewahren Sie sie getrennt von den anderen auf, damit sie bereitliegen, falls Sie einmal deprimiert sind. **Oder besser noch: Nehmen Sie Ihre eigenen Kassetten oder CDs mit inspirierender Musik auf – Ihren persönlichen Gute-Laune-Soundtrack.**

Tanken Sie Sonne

Sonnenlicht kann tatsächlich Ihre Stimmung heben. Umgekehrt sind viele Menschen bei einem Mangel an Sonnenlicht deprimiert. Ein erschütternder Beleg dafür sind die hohen Selbstmordraten an Orten, wo im Winter wenig Sonne scheint, wie Seattle und Stockholm.

Es gibt zwei einfache Wege, dieses Problem zu lösen. Der erste ist, täglich Zeit für Spaziergänge in der Sonne einzuplanen (zwanzig Minuten sollten ausreichen). Der zweite ist, in einer hell erleuchteten Umgebung zu leben und zu arbeiten. Helle Leuchtstoffröhren haben nachgewiesenermaßen einen deutlich aufhellenden Effekt auf die Stimmung. Vollspektrales Licht (nach gängiger Meinung das gesündeste Kunstlicht) ahmt natürliches Tageslicht nach. Im Internet finden Sie viele Anbieter von Vollspektrumleuchten.

Finden Sie eine befriedigende Arbeit

Die Wissenschaft ist sich einig: Wer seine Arbeit nicht mag, wird auch kein glückliches Leben haben. Für dieses Dilemma gibt es zwei verschiedene Lösungen. Die offensichtliche ist, den Arbeitsplatz oder Beruf zu wechseln. Eine Studie von Michael Argyle, Monika Henderson und Adrian Furnham hat gezeigt, dass die **erfolgreiche Suche nach einem neuen Job sehr wahrscheinlich zu den positivsten Erfahrungen unseres Lebens gehört.**
(Wir wissen das, und dennoch ziehen es einige von uns vor, jahrelang in einem Beruf zu arbeiten, der sie frustriert, ehe sie ein wenig Zeit darauf verwenden, sich einen neuen zu suchen.)

Die zweite Lösung ist, Ihre Einstellung zu Ihrer Arbeit zu ändern. Fragen Sie sich selbst: »Was ist gut an dieser Arbeit? Wie könnte ich sie verbessern? Wie könnte ich meine Arbeit so gestalten, dass ich Spaß daran finde?« Schließlich sagte schon Shakespeare: »An sich gibt es nichts Gutes oder Böses, das Denken macht es erst dazu.« Eine echte Veränderung in Ihrer Einstellung kann oft dazu verhelfen, dass ein langweiliger Job wieder Spaß macht und eine Karriere neu angekurbelt wird.

Lernen Sie neue Leute kennen

Es ist eine Tatsache, dass sich die Stimmung deutlich hebt, wenn Sie neue Leute kennenlernen. Es ist leicht, in einen sozialen Trott zu verfallen und immer mit denselben alten Freunden Zeit zu verbringen. Aber waren diese großartigen alten Freunde nicht auch einmal neue Bekanntschaften?

Es besteht eine enge Verbindung zwischen der Anzahl der Freunde, die wir haben, und unserem allgemeinen Glück und Wohlbefinden. Glücksforscher Ed Diener hat erkannt, dass die glücklichsten Menschen sowohl mehr Bekanntschaften als auch mehr enge Freunde haben als der Durchschnitt.

Es gibt vermutlich Hunderte von Menschen in Ihrer Umgebung, die zu guten Freunden werden könnten, wenn Sie sich nur die Zeit nehmen würden, sie kennenzulernen. **Treten Sie einem Verein bei, fangen Sie ein neues Hobby an, oder gehen Sie jede Woche zu einem anderen gesellschaftlichen Ereignis.** Es macht nicht nur Spaß, regelmäßige Gelegenheiten zu schaffen, bei denen Sie neue Leute kennenlernen können – es wird auch unweigerlich dazu führen, dass Sie ein paar Freunde fürs Leben gewinnen.

Leben Sie nach der konfuzianischen Lehre

Als vielleicht wichtigste Figur in der Geschichte des alten China, und sicherlich als die berühmteste, entwickelte Konfuzius (Konfutse) verschiedene sehr einflussreiche Ideen über das Glücklichsein. Diese Lehren werden ausführlich in den *Analekten* beschrieben, einer Sammlung von Notizen, die seine Schüler nach Konfuzius' Tod niederschrieben.

Konfuzius war davon überzeugt, dass wir alle glücklich werden können, sofern wir unser Leben nach einem strengen Moralkodex leben. Sein »Kodex der Ritterlichkeit« umfasste Dinge wie eine geordnete Lebensführung, Liebesbezeigungen gegenüber der Familie, das Bewahren sozialer Ordnung, Loyalität oder die bewusste Weiterentwicklung des eigenen Charakters.

Konfuzius wies darauf hin, dass selbst die Bewegung der Planeten geordneten Bahnen folgt. **Daher ist es gegen die Natur, ein unordentliches und desorganisiertes Leben zu führen, und es stört die natürliche Harmonie.**

Teilen Sie Ihre Zeit richtig ein

Manche Menschen mögen es, ständig mit Leuten zusammen zu sein; andere Menschen ziehen es vor, mehr Zeit für sich selbst zu haben. Verschiedene Untersuchungen haben ergeben, dass Menschen, die einen Großteil ihrer Zeit alleine verbringen, überdurchschnittlich oft unter Depressionen leiden. Menschen, die beispielsweise alleine leben oder introvertiert sind, sind tendenziell weniger glücklich.

Es kann jedoch ebenso ungesund sein, die gesamte Zeit mit anderen zu verbringen, falls man dies zur Flucht vor sich selbst nutzt. Sie sollten die Zeit, die Sie für sich haben, genauso zu schätzen wissen wie die Zeit, die Sie mit anderen verbringen. Jeder Mensch braucht ein bestimmtes Gleichgewicht zwischen diesen Bereichen, also folgen Sie Ihrem Instinkt. **Obwohl Ihr Kopf Ihnen vielleicht sagt, Sie sollten alleine sein, ist es möglich, dass Ihr Herz Gesellschaft braucht.**

Schalten Sie den Fernseher aus

Seltsamerweise sieht der Durchschnittsmensch mehr als vier Stunden am Tag fern, obwohl die Forschung deutlich zeigt, dass wir uns dadurch kein bisschen besser fühlen. Tatsache ist vielmehr: **Das am häufigsten empfundene Gefühl beim Fernsehen ist eine leichte Depression.**

Und es kommt noch schlimmer. Eine Studie hat unlängst erwiesen, dass Fernsehen in hohen Mengen unser Verlangen nach mehr Besitztümern deutlich steigert und dass sich mit jeder Stunde, die wir fernsehen, unsere allgemeine Zufriedenheit um fünf Prozent verringert.

Es ist höchste Zeit, die Glotze auszuschalten. Vereinbaren Sie zuerst mit Ihrer Familie, dass der Fernseher nur noch an drei Abenden pro Woche läuft. Dann arbeiten Sie daran, Ihre Fernsehzeiten im Laufe der nächsten sechs Monate weiter zu verkürzen.

Ihre Geheimwaffe: L-Tyrosin

L-Tyrosin ist eine Aminosäure, die Sie zu sich nehmen können, um bei guter Laune zu bleiben und den Kopf klar zu halten. Die US-amerikanische Armee hat entdeckt, dass L-Tyrosin bei Soldaten Depressionen und viele Folgen von Stressbelastung verhindern konnte.

Quellen für L-Tyrosin sind leicht zu finden: Huhn, Pute und die meisten Meeresfrüchte und Schalentiere sind die besten Lieferanten. Sollten Sie Vegetarier sein, so brauchen Sie sich auch keine Sorgen zu machen – Tofu, Bohnen, Erbsen und Linsen enthalten reichlich L-Tyrosin. Oder fragen Sie in Ihrem örtlichen Reformhaus oder Bioladen nach einem Aminosäure-Ergänzungsmittel, das L-Tyrosin enthält.

Zeigen Sie Gefühle

Wenn man jemandem sagt, dass man sie oder ihn liebt, dann fühlt sich dieser phantastisch. »Zu hören, dass mich jemand liebt«, gehörte bei den Probanden einer neueren Untersuchung zu den Top Ten der angenehmsten Erfahrungen. Interessanterweise funktioniert das auch umgekehrt. Die Wohlfühl-Forscher P. M. Lewinsohn und M. Graf haben gezeigt, dass wir uns ebenfalls gut fühlen, wenn wir jemand anderem mitteilen, dass wir ihn lieben oder mögen. Darüber hinaus hält dieses Gefühl in uns meist den ganzen Tag lang an.

In der Hektik des täglichen Lebens vergisst man leicht einmal, sich die Zeit zu nehmen und den Menschen, die uns nahestehen, das auch zu zeigen. Stellen Sie sich selbst die Frage: »**Wer sind die fünf Menschen auf der Welt, die mir am meisten bedeuten, und wann habe ich mir das letzte Mal die Zeit genommen, ihnen das auch zu sagen oder zu zeigen?**«

Glück auf vier Beinen

Ein liebes Fellknäuel als Freund zu Hause zu haben, wirkt Wunder für Ihr Glücksgefühl. Die meisten Menschen berichten von einer entscheidenden Stimmungsverbesserung, sobald es einen kleinen Hund oder ein Kätzchen in ihrem Leben gibt. Eine wichtige Studie hat sogar ergeben, dass Schüler und Studenten es als eines der positivsten Erlebnisse in ihrem Leben einstuften, ein Haustier bekommen zu haben.

Ihr Vermieter genehmigt keine Haustiere? Kein Problem. Gehen Sie morgens in den nächsten Park und streicheln Sie die Haustiere anderer Leute. Es ist fast unmöglich, sich nicht aufgemuntert zu fühlen, wenn Sie Tiere streicheln, egal, ob es Ihre eigenen oder die anderer Leute sind.

Kleiden Sie sich sexy

Eine Untersuchung von den Wohlfühl-Forschern P.M. Lewinsohn und M. Graf hat gezeigt, dass sich unsere Stimmung deutlich hebt, wenn wir von anderen als sexuell attraktiv wahrgenommen werden. **Und, was noch besser ist: Wir fühlen uns den ganzen Tag lang gut.**

Also überlassen Sie hier nichts dem Zufall. **Nehmen Sie sich die Zeit, sich so zu kleiden und zurechtzumachen, dass Sie – in angemessenem Rahmen – gut oder sogar sexy aussehen, und Ihr gesamtes Wohlbefinden wird davon profitieren.** Schon etwas sehr Vorteilhaftes zu tragen oder sich morgens im Bad und beim Ankleiden besondere Mühe zu geben, kann Ihr Selbstvertrauen ungemein steigern. Im Übrigen hat diese Studie auch betont, wie wichtig es ist, jemand anderem zu sagen, dass Sie ihn oder sie attraktiv finden (natürlich nur unter den gegebenen Umständen!).

Gründen Sie eine Gruppe

Wie wir bereits bemerkt haben, machen alle Aktivitäten mehr Spaß, wenn man sie mit Freunden teilt. Warum also nicht eine Gruppe von Leuten organisieren, die sich wöchentlich regelmäßig zur gemeinsamen Freizeitgestaltung trifft? In seinem großartigen Buch zur Psychologie des Glücks zeigt Michael Argyle, in welch hohem Maße solche Aktivgruppen das allgemeine Wohlbefinden aller Beteiligten steigern können.

Das könnte folgendermaßen aussehen: **Stellen Sie eine Liste von fünf oder sechs Leuten zusammen, mit denen Sie gerne Zeit verbringen und von denen Sie den Eindruck haben, dass sie sich gut verstehen könnten.**

Stellen Sie die Grundidee einer Aktivgruppe vor und nehmen Sie jedem Mitglied das Versprechen ab, sich ungefähr einmal im Monat eine neue gemeinsame Unternehmung einfallen zu lassen. Auf diese Weise haben Sie zumindest ein schönes Ereignis pro Woche, auf das Sie sich freuen können. Im Laufe des Jahres werden daraus engere Freundschaften, viele neue Erfahrungen und ein enorm gesteigerter Spaßfaktor.

Küssen Sie

Wir alle mögen einen richtig dicken Kuss und eine Umarmung. Vielleicht, weil ein Kuss eine Form der Zuwendung und zwischenmenschlichen Interaktion ist, vielleicht, weil er sich schön anfühlt, vielleicht einfach nur, weil er zeigt, dass jemand uns wirklich mag. (Oder in manchen Fällen auch ein bisschen mehr!) Was auch immer die Gründe sein mögen, die Wissenschaft belegt, was die meisten von uns intuitiv fühlen – **Küssen macht glücklich.**

Küssen Sie genug? Könnten Sie es einrichten, mehr Kuss-Momente mit Ihrem Partner zu erleben? Oder, falls Sie Single sind: Fallen Ihnen Wege ein, wie Sie ein paar Küsse mehr in ihr Leben bringen können? Wie auch immer Sie das anstellen, denken Sie daran: **Küssen mag zwar eine ganz simple Sache sein – aber es kann eine wirklich wunderbare Wirkung auf Ihr Glücksbarometer haben.**

Konzentrieren Sie sich auf Ihr Glück

Die vielleicht wichtigste Technik habe ich mir bis zum Schluss aufgehoben. Wenn Sie ein wirklich glückliches Leben führen wollen, dann **konzentrieren Sie sich unbedingt jeden Tag darauf.** Sie müssen sich dazu entschließen, jetzt glücklich zu sein, nicht irgendwann in der Zukunft.

Glück ist keine Nebensache. Um glücklich zu sein, dürfen Sie mit der Suche danach nicht warten, bis Sie vielleicht gerade Zeit haben oder sich schlecht fühlen. Das Glücklichsein ist sowohl eine Kunst als auch eine Wissenschaft – das Glück verdient es, dass Sie sich damit befassen und es in seinen Feinheiten studieren.

Sie verfügen jetzt über zahlreiche Techniken, die erwiesenermaßen Ihr Glück und Ihr Wohlbefinden steigern können. Benutzen Sie sie auch. Werden Sie zum Praxis-Experten. Machen Sie diese Techniken zu einem Teil Ihres Lebens. Wenn Sie das tun, werden Sie ein glücklicheres Leben führen.

Literaturempfehlungen (eine Auswahl)

Benson, Herbert und Miriam Z. Klipper. *Gesund im Stress. Eine Anleitung zur Entspannungsreaktion*. Ullstein 1982.

Csikszentmihalyi, Mihaly. *Flow: Das Geheimnis des Glücks*. Klett-Cotta 2002.

Der Dalai Lama und Howard C. Cutler. *Die Regeln des Glücks*. Lübbe 2001.

Hohensee, Thomas. *Gelassenheit beginnt im Kopf*. Knaur MensSana 2007.

James, Jennifer. *Zwanzig Schritte zur Weisheit*. Knaur MensSana 2007.

Myers, David. *Die Sedona-Methode*. Vak-Verlag 2006.

Niven, David. *Die 100 Geheimnisse glücklicher Menschen*. Integral 2000.

Seligman, Martin. *Der Glücks-Faktor*. Lübbe 2005.

Ihre persönliche Glücks-Liste • Runter vom
Finden Sie den richtigen Flow • Vier magis
• Meditieren Sie • Verstehen Sie den Budd
Ohne Zucker wird das Leben süßer • Stell
• Verändern Sie Ihre Atmung • Was Ihnen
Sie sich klare Ziele • Entwickeln Sie eine Z
Pfad • Schlafen Sie mehr • Steigern Sie Ih
frei • Kümmern Sie sich um andere • Verh
Selbstbild • Lachen Sie • Ändern Sie Ihre
Ihr Leben • Werden Sie spirituell • Verfolg
Ihr Lebensziel • Werden Sie ein Selbstverw
Sie aktiv • Lächeln Sie • Hören Sie Gute-La
befriedigende Arbeit • Lernen Sie neue Leu
Lehre • Teilen Sie Ihre Zeit richtig ein
Geheimwaffe: L-Tyrosin • Zeigen Sie Gef
sexy • Gründen Sie eine Gruppe • Küss